Inhalt

Elektronische Beschaffung - bald Standard in Deutschland

Kernthesen

Beitrag

Fallbeispiele

Weiterführende Literatur

Impressum

ns Deutschland

Elektronische Beschaffung - bald Standard in Deutschland

I.Zeilhofer-Ficker

Kernthesen

- Kaum noch ein Unternehmen kommt mittlerweile ohne elektronische Beschaffungssysteme oder Online-Bestellungen aus.
- Die technischen Möglichkeiten erlauben die vollständige Automatisierung des Bestellvorgangs von der Bestell-Freigabe bis zur Zahlungsanweisung.
- Im öffentlichen Dienst sollen bis zum Jahr 2010 mindestens 50 Prozent aller Aufträge

elektronisch vergeben und 100 Prozent elektronisch abgewickelt werden.

Beitrag

Für Hans Mustermann ist es heutzutage normal geworden, dass er sich das gewünschte Buch, die neue Waschmaschine oder die Theaterkarte im Internet bestellt. Auch die meisten Unternehmen profitieren von den Möglichkeiten des World-Wide-Web und haben einen Großteil ihrer Beschaffungsprozesse automatisiert.

Vorteile elektronischer Beschaffungslösungen

Die Rolle der Einkäufer in den Unternehmen hat sich in den vergangenen Jahren ziemlich verändert. Waren früher die administrativen Prozesse wie Bestellungen ausschreiben und Auftragsbestätigungen und Rechnungen kontrollieren die dominierenden Tätigkeiten, so überwiegen nunmehr strategische Aufgaben wie Lieferantenmanagement, Prozessverbesserungen, sowie Beratung und Unterstützung von Entwicklungs- und Produktionsabteilungen. Ermöglicht wurde diese

Entwicklung durch den Einsatz von elektronischen Beschaffungssystemen und die intensive Nutzung des Internet als Informations- und Kommunikationsmedium. (1)

Die Automatisierung der operativen Beschaffungsprozesse hat höchste Effizienzsteigerungen erreicht und so die Ressourcen freigesetzt, die der Einkauf brauchte, um den strategischen Aufgaben die nötige Aufmerksamkeit zukommen lassen zu können. So bekommt im Idealfall ein Einkäufer beispielsweise eine Büromaterialbestellung gar nicht mehr zu Gesicht. Der Abteilungsverantwortliche wählt im elektronischen Katalog des hauseigenen eProcurement-Systems die benötigten Materialien aus und bestellt sie über einfache Mausklicks am PC. Die Bestellanforderung durchläuft automatisch die festgelegten Freigaberoutinen inklusive der Budgetkontrolle und wird elektronisch an den für diese Materialien festgelegten Lieferanten übermittelt. Berechnet wird per elektronischer Sammelrechnung die vom System überprüft und zur Zahlung freigegeben wird, sobald der Wareneingang bestätigt ist. Die Pflege der elektronischen Kataloge wird größtenteils von den Lieferanten vorgenommen, kontrolliert werden müssen nur noch die ausgehandelten Preise und Konditionen. (2), (3)

Doch auch für komplexere Beschaffungsaufgaben stehen elektronische Werkzeuge zur Verfügung. Ausschreibungen werden zentral auf einem Server zusammen mit allen Zeichnungen, Spezifikationen, Pflichtenheften oder Leistungsbeschreibungen hinterlegt, in Frage kommende Lieferanten per Email zur Angebotsabgabe aufgefordert. Da die elektronischen Angebote ebenfalls in standardisierter Form zurückkommen, ist ein Vergleich leicht möglich. (1), (4), (8)

Das Lieferantenmanagement ist ebenfalls einfacher geworden. Neue Lieferanten stellen eine Lieferantenselbstauskunft zur Qualifizierung in das Supplier-System ein, bestehende Lieferanten werden anhand automatisch ermittelter Performancezahlen bewertet und beurteilt. (4)

Einsparungen bei den Materialkosten von fünf bis zehn Prozent können durch eine durchgängige elektronische Beschaffung erreicht werden. Die Prozesskosten sinken sogar um zehn bis 25 Prozent. (4)

Trotzdem sehen die meisten Einkaufsverantwortlichen immer noch erhebliche Verbesserungspotenziale. Obwohl bereits fast 70 Prozent der Unternehmen elektronische Genehmigungsverfahren nutzen und ebenso viele ihr

Einkaufssystem mit der Firmen-ERP verlinkt haben, sind 77 Prozent der Meinung, dass ihre Einkaufsprozesse nicht optimal organisiert sind. (5)

Stand der Technik

Obgleich schon Vieles möglich ist, gibt es immer noch Raum für Verbesserungen. Ein Problem sind die fehlenden Standards für Artikelbeschreibungen und Produktdaten. Dies erschwert den Datenaustausch zwischen Lieferanten und Kunden, speziell die Anbindung an entsprechende Unternehmens-ERP-Systeme. Da viele Module als Einzellösungen programmiert sind, verursacht die Vernetzung zu anderen Unternehmensbereichen wie Planung & Produktion oder Finance & Controlling oft noch Probleme. (6), (7)

Größere Firmen, die über eigene EDV-Abteilungen verfügen können, sind häufig direkt über Schnittstellen mit ihren Hauptlieferanten verbunden, die notwendigen Datenformate werden entsprechend angepasst. KMUs haben die Wahl zwischen eProcurement-Software, die zu installieren und an die Unternehmens-ERP anzuschließen ist oder Internetlösungen, für die keine spezielle Hard- oder Software erforderlich ist. Beide Lösungen nutzen elektronische Kataloge, in denen die zu beschaffenden Artikel eingestellt sind. Die Internet-Shoplösungen, die ebenfalls kundenspezifische Preise, Konditionen und Genehmigungsroutinen erlauben, sind vor allem für Kleinbetriebe eine interessante Möglichkeit, ihre Prozesskosten zu senken, ohne hohe Investitionen tätigen zu müssen. (9), (10)

Sourcing-Tools bzw. Ausschreibungsplattformen rechnen sich dann, wenn viele Bestellungen über Ausschreibungen abgewickelt werden müssen. Durch die zentrale Einstellung von Ausschreibungsunterlagen reduziert sich der Aufwand enorm und die Angebote sind leichter auswert- und vergleichbar. Einige Tools erlauben zusätzlich die Anforderung von Machbarkeitsstudien oder Optimierungsvorschlägen, über die das Know-How der Lieferanten in Innovationsprozesse eingebunden werden kann.(1)

Moderne Einkaufslösungen stellen sicher, dass nur Bestellungen platziert werden, die durch entsprechende Budgets gedeckt sind. Noch einen Schritt weiter gehen Purchase-to-Pay-Systeme, über die eingehende Rechnungen in das Buchhaltungssystem eingescannt werden können. Bestell- und Rechnungsnummer werden erkannt und die Rechnung wird mit der Bestellung abgeglichen. Der Wareneingang löst anschließend die

Zahlungsvorbereitung aus. (3)

Fallbeispiele

Bis zu 30 Prozent Preisreduzierungen konnte die Schott AG durch die Nutzung der Beschaffungssoftware TradeCore SRM von Onventis erzielen. Die Lösung enthält nicht nur eine elektronische Ausschreibungsplattform sondern ermöglicht auch die Lieferantenqualifizierung, Machbarkeitsstudien und Optimierungsvorschläge. (1)

Linde Gas Deutschland bietet seinen Kunden einen umfassenden E-Procurement-Service. Die Produkte werden in individuellen Katalogen mit Preisen und Lieferbedingungen elektronisch vorgehalten. Der Kunde bestellt direkt aus dem Katalog, der ebenso wie die Bestellungen mit SAP verknüpft ist. Der Wareneingang löst dann automatisch die Bezahlung aus. (13)

Den eProcurement-Award des BMÖ (Bundesverband Materialwirtschaft, Einkauf und Logistik Österreich) erhielt im Jahr 2007 die Einkaufslösung von BRP

Rotax. Das extrem einfach zu bedienende Portal wird von den Einkäufern von BRP Rotax sowie deren 140 Lieferanten genutzt. (8)

Zwölf mittelständische Autohändler im Großraum Köln haben sich zu einer Einkaufsgemeinschaft zusammengeschlossen, die ihren Betriebsbedarf über die Internet-Plattform der Kayser GmbH/CaDirect GmbH & Co. KG bestellt. Eine individualisierte Zugangskontrolle stellt sicher, dass nur innerhalb bewilligter Budgetgrenzen bestellt wird. Halbmonatliche Sammelrechnungen vereinfachen die Zahlungsabwicklung. (2)

Die Städte Köln und Frankfurt am Main haben ihr Beschaffungswesen zentralisiert und nutzen eKataloge für den Einkauf des Allgemeinbedarfs. Neben den Kosteneinsparungen ist den Verantwortlichen vor allem die höhere Transparenz ein wichtiges Argument für die elektronische Beschaffung. Die vergaberechtliche Ordnungsmäßigkeit kann leichter sichergestellt, ein Einkaufscontrolling ermöglicht werden. (12)

Weiterführende Literatur

(1) Schott AG definiert ihren Einkauf neu Vom Beschaffer zum Berater

aus BA Beschaffung aktuell, Heft 11, 2007, S. 48

(2) Mittelständler profitieren
aus MM Maschinemarkt Logistik Nr. 07 vom 12.10.2007 Seite 44

(3) eProcurement in Finnland Helsinki automatisiert die Beschaffungsprozesse
aus Government Computing, Heft 11/2007, S. 27

(4) Kostensenkung stellt für Deichmann nur einen Grund für die Nutzung einer Software für das Supplier Management dar – Backend-Integration ist wichtig Lieferantenbeziehungen werden transparent
aus Computer Zeitung, Heft 19, 2006, S. 10

(5) Mach Thomas, Kunden kritisieren hauseigenes ERP, Computerwelt Nr. 16/2007, 08.08.2007
aus Computer Zeitung, Heft 19, 2006, S. 10

(6) Prada macht kein EDI
aus "Industriemagazin" Nr. 10/07 vom 03.10.2007 Seite: 68

(7) - PRODUCT INFORMATION MANAGEMENT
Produktdaten effektiv in verschiedenen Kanälen verwenden
aus Elektronikpraxis Sonderheft Bauteilbeschaffung & Supply Chain Management vom 07.12.2007 Seite 48

(8) Preisverdächtig einfach
aus "Industriemagazin" Nr. 11/07 vom 01.11.2007 Seite: 68

(9) Strategische Katalogbeschaffung reduziert Freitextbestellungen Gezielter Abbau von Schattensortimenten
aus BA Beschaffung aktuell, Heft 8, 2007, S. 55

(10) Das passende Teil
aus Der Handel Nr. 07/08 vom 11.07.2007 Seite 072

(11) Behörden treiben das E-Procurement voran
aus Computer Zeitung, Heft 36, 2007

(12) Leuchttürme der öffentlichen Beschaffung, Teil III Strategischer Einkauf in Kommunen?
aus BA Beschaffung aktuell, Heft 10, 2007, S. 48

(13) Linde Gas Deutschland mit neu strukturiertem Serviceangebot Kundennutzen im Fokus
aus cav chemie-anlagen + verfahren, Heft 9, 2007, S. 72

Impressum

Elektronische Beschaffung - bald Standard in Deutschland

Bibliografische Information der deutschen Nationalbibliothek

Die Deutsche Nationalbibliothek verzeichnet diese Publikation in der deutschen Nationalbibliografie; detaillierte bibliografische Daten sind im Internet über http://dnb.d-nb.de abrufbar.

ISBN: 978-3-7379-1078-1

© 2015 GBI-Genios Deutsche Wirtschaftsdatenbank GmbH, Freischützstraße 96, 81927 München, www.genios.de

Alle Rechte vorbehalten. Dieses Werk ist einschließlich aller seiner Teile – z.B. Texte, Tabellen und Grafiken - urheberrechtlich geschützt. Jede Verwertung außerhalb der Grenzen des Urheberrechtsgesetzes bedarf der vorherigen Zustimmung des Verlags. Dies gilt insbesondere auch für auszugsweise Nachdrucke, fotomechanische Vervielfältigungen (Fotokopie/Mikroskopie), Übersetzungen, Auswertungen durch Datenbanken oder ähnliche Einrichtungen und die Einspeicherung und Verarbeitung in elektronischen Systemen.